LIVRE DE COLORIAGE
FOOTBALL

ce carnet appartient à

Logo du club

Logo du club

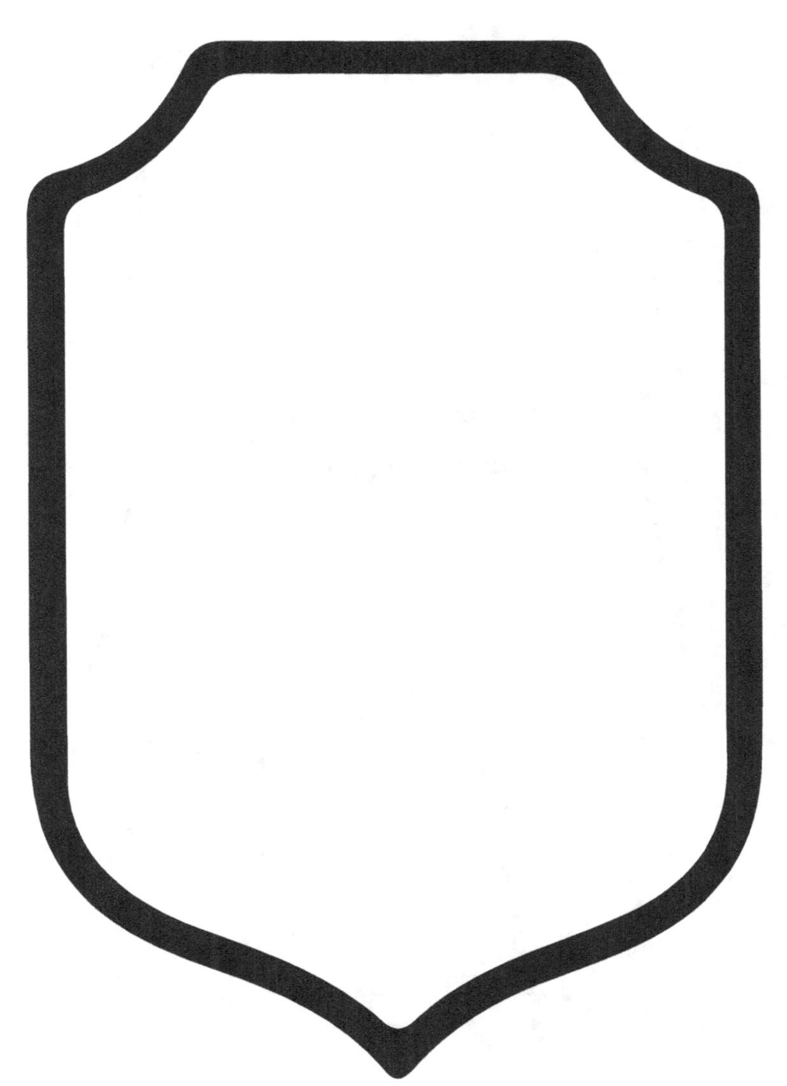

Logo du club

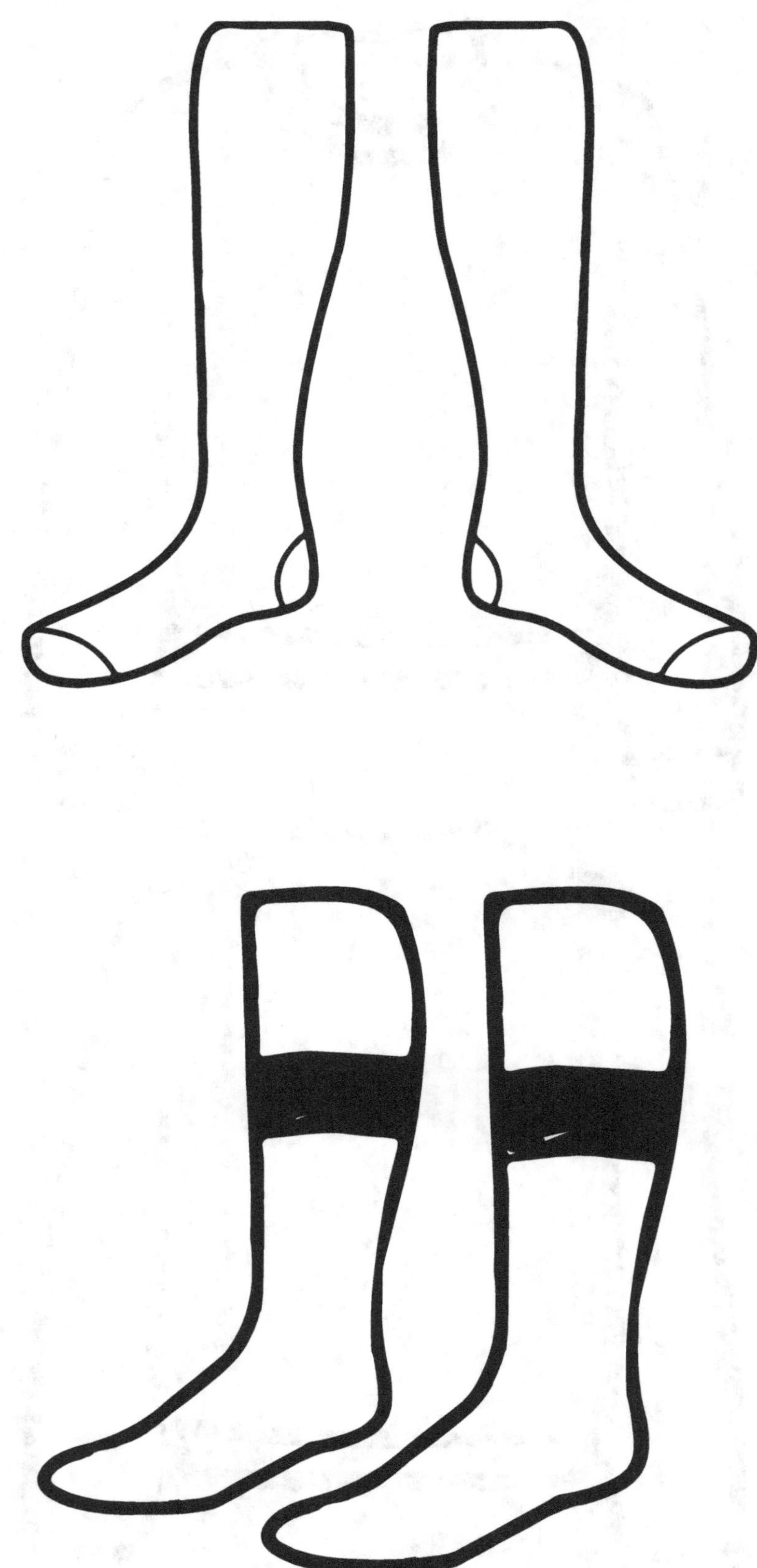

Logo du club

Logo du club

Logo Du CluB

Logo du club

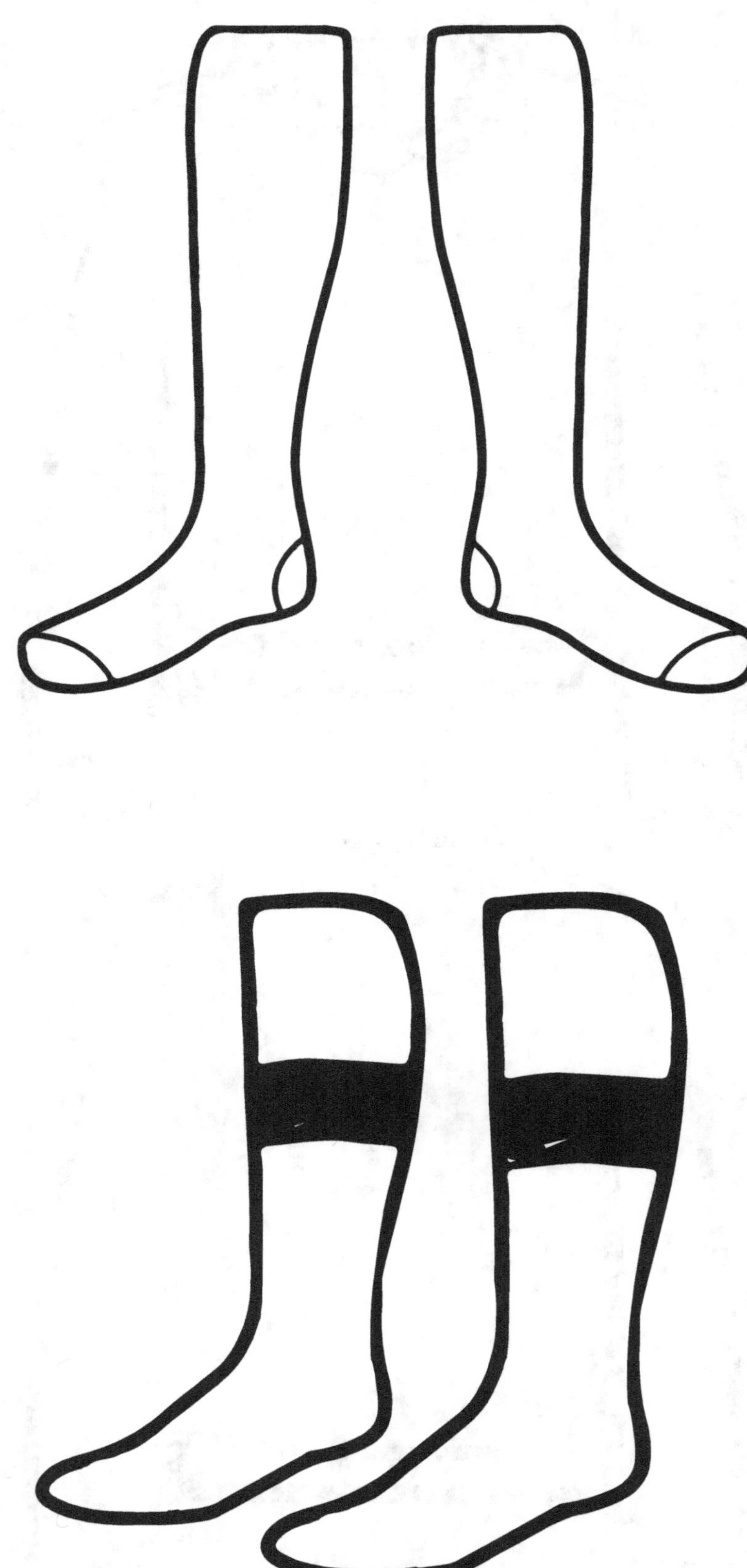

Logo du club

Logo du club

Logo du club

Logo du club

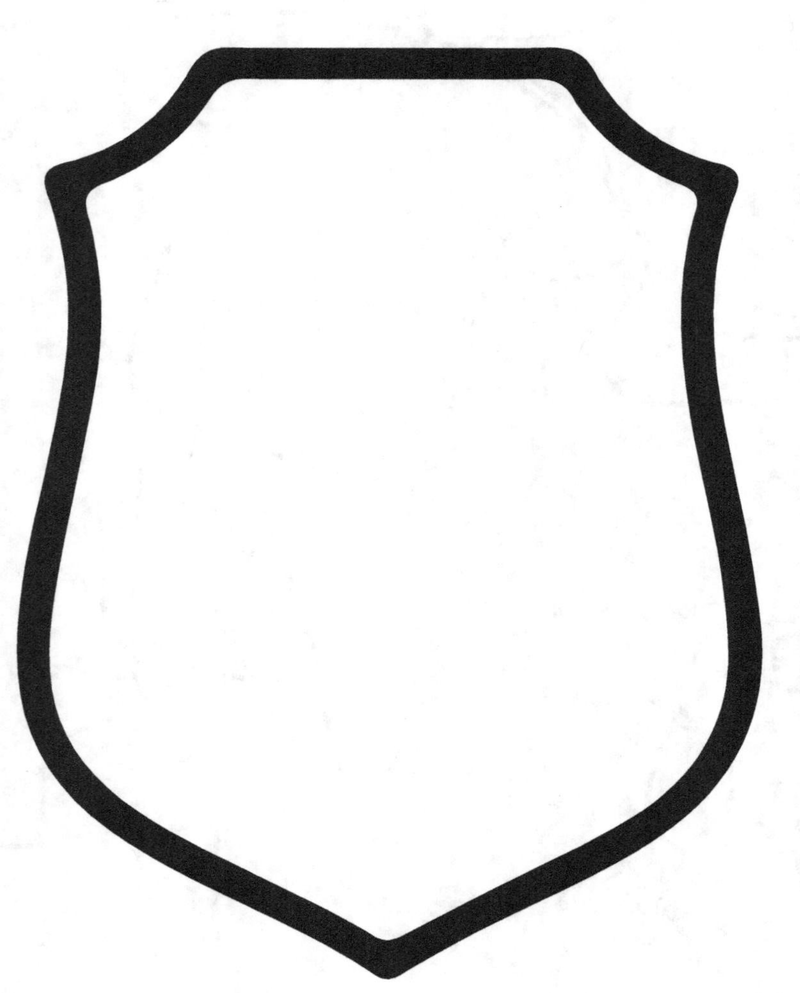

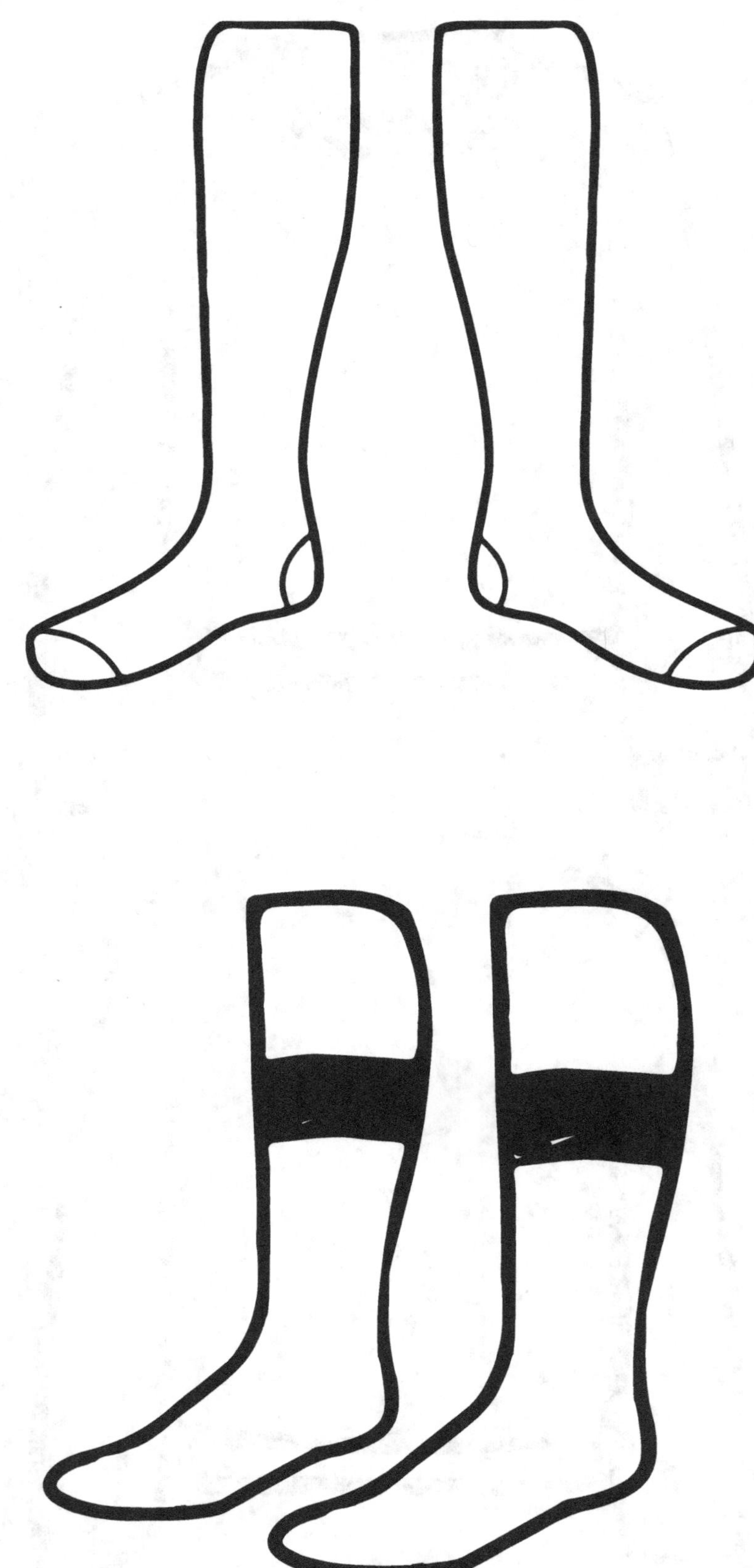

Logo du club

Logo Du Club

Logo du club

Logo du club

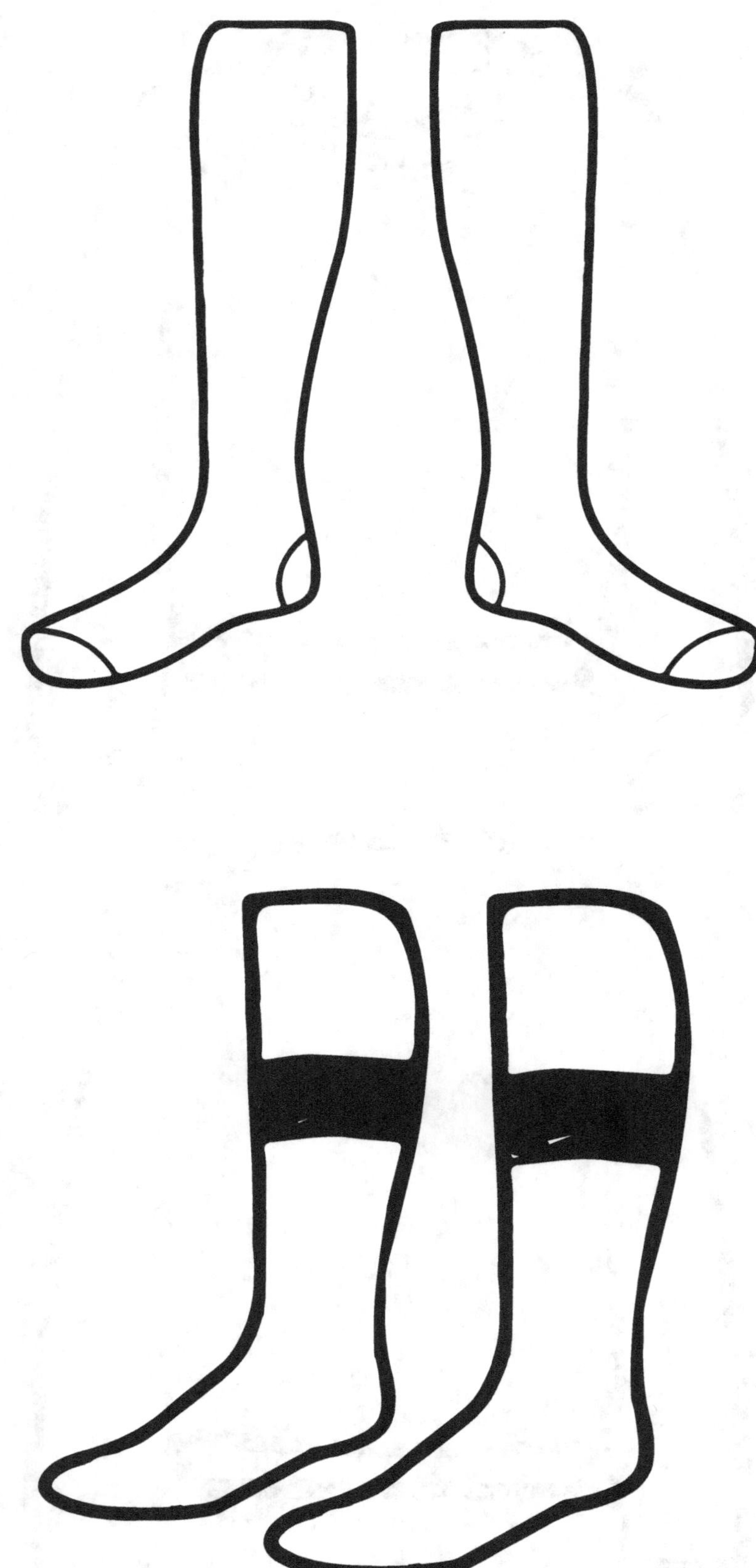

Logo du club

Logo du club

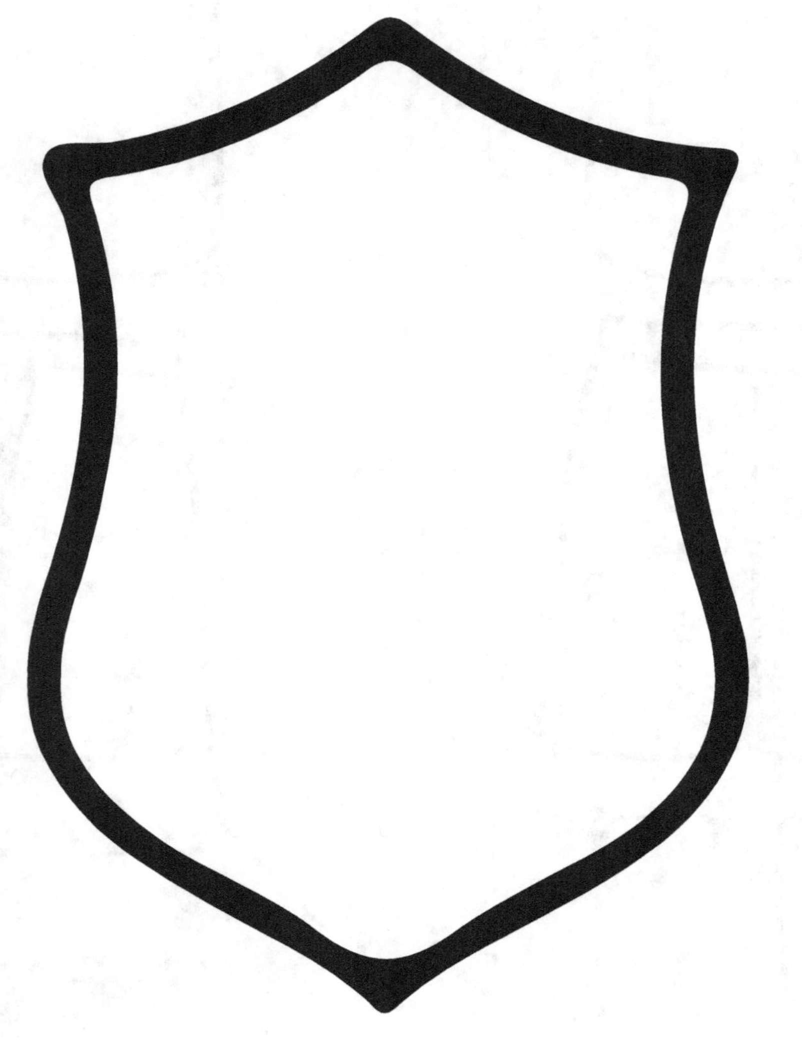

Logo du club

Logo du club

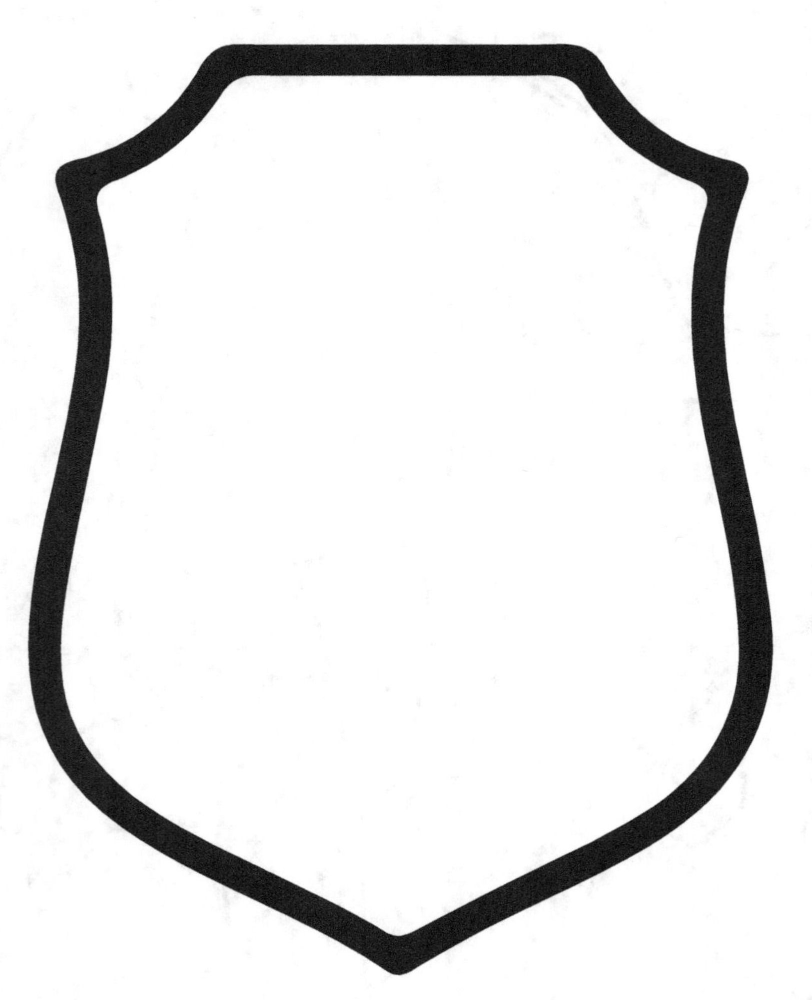

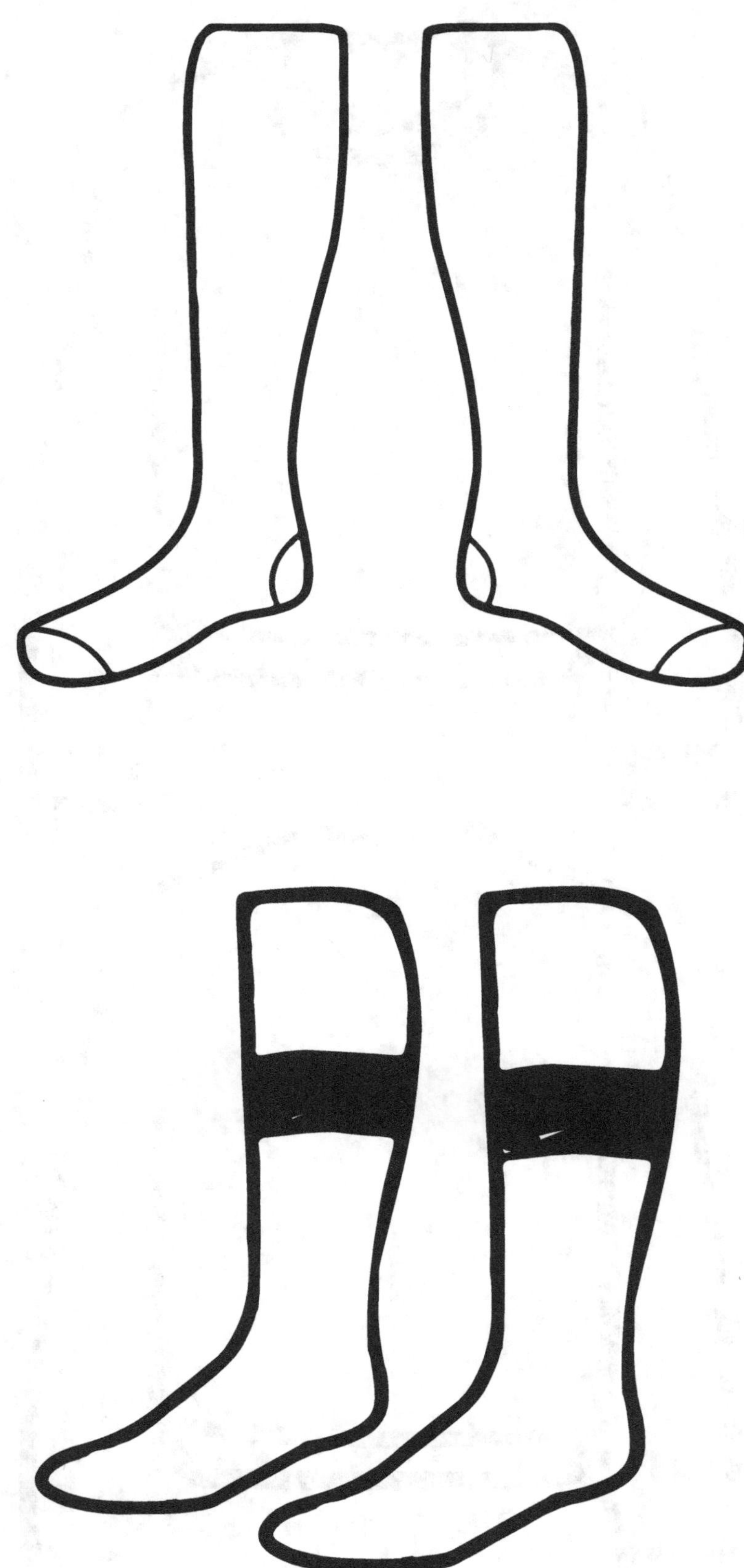

Logo du club

Logo du club

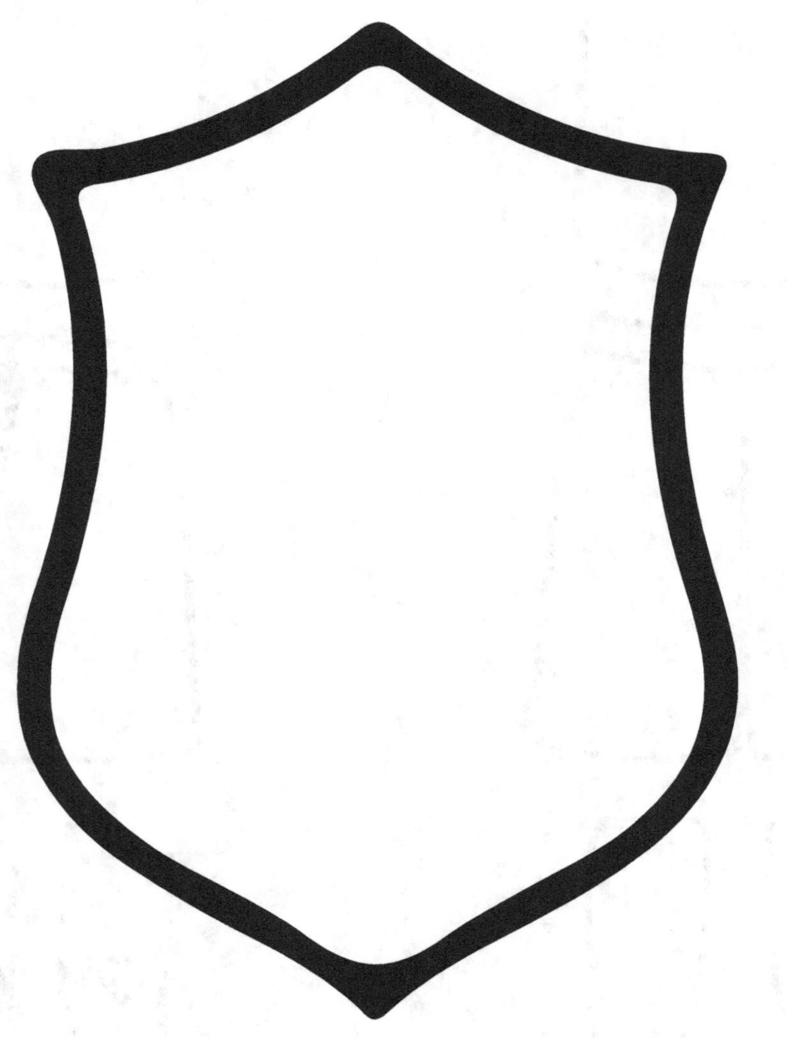

Logo du Club

Merci d'avoir complété ce livre.
Vous pouvez obtenir d'autres meilleurs
livres dans notre magasin

" Yanpiz Editions "

N'hésitez pas a nous donnez votre avis,
sa va nous aidez énormement.

Merci